自力で秦皇島

バスに揺られて

Tabisuru CHINA 006

鉄道と路線バスでゆく
秦皇島・山海関・北戴河

自力旅游中国

Asia City Guide Production

【白地図】北京から秦皇島へ

CHINA
秦皇島

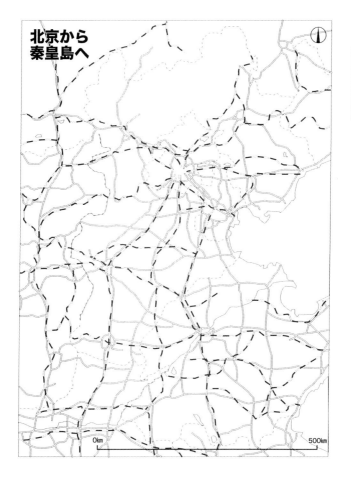

【白地図】北京市街

CHINA
秦皇島

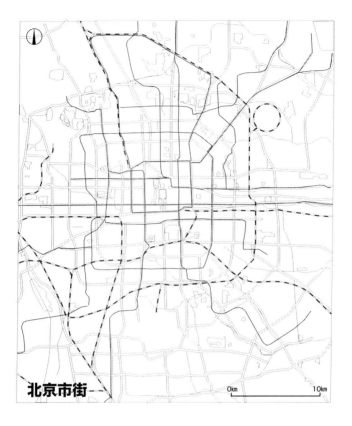

北京市街

Qinhuangdao 白地図

【白地図】北京駅

CHINA
秦皇島

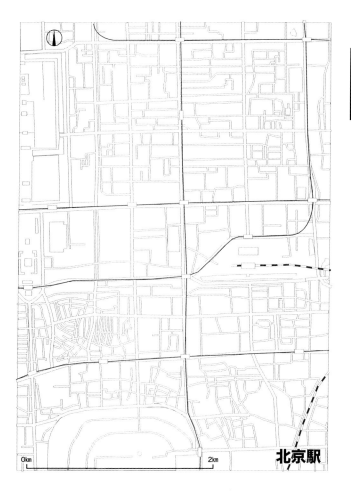

Qinhuangdao 白地図

【白地図】秦皇島7大エリア

CHINA
秦皇島

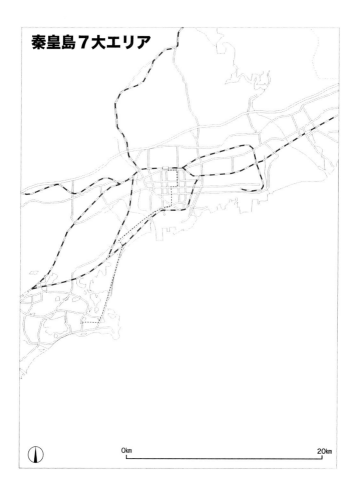

【白地図】秦皇島

CHINA
秦皇島

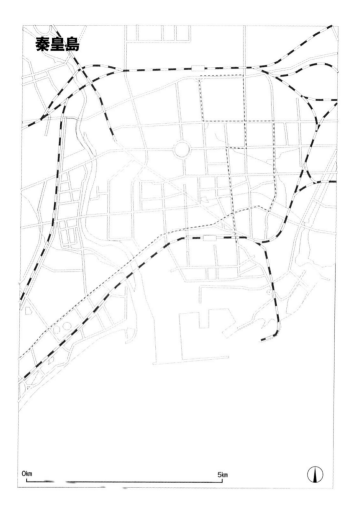

【白地図】四道橋バスターミナル

CHINA
秦皇島

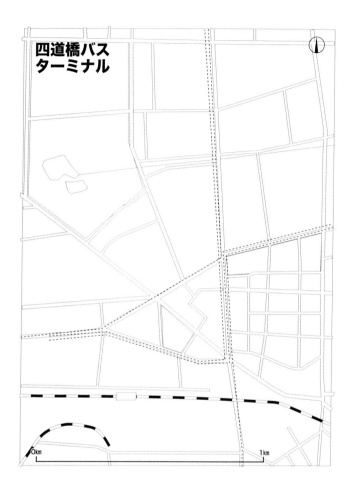

【白地図】秦皇島〜山海関

CHINA
秦皇島

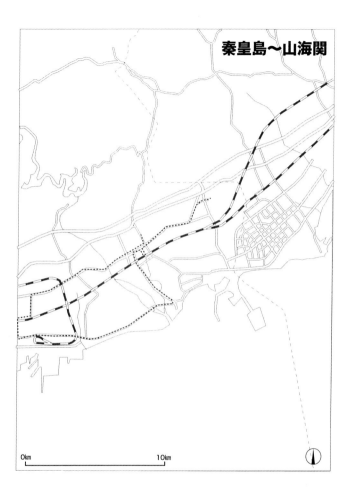

秦皇島～山海関

Qinhuangdao 白地図

【白地図】山海関

CHINA
秦皇島

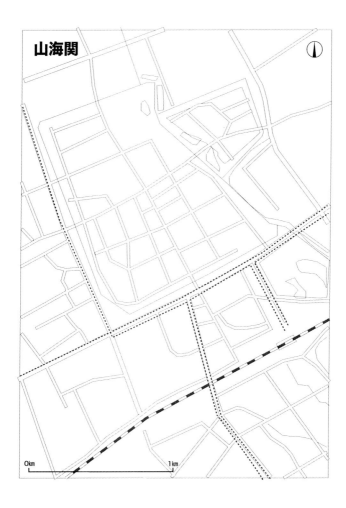

【白地図】秦皇島～北戴河

CHINA
秦皇島

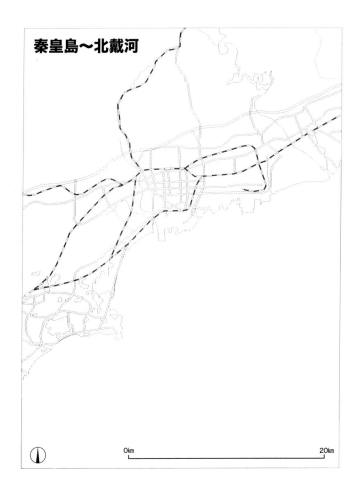

【白地図】北戴河

CHINA
秦皇島

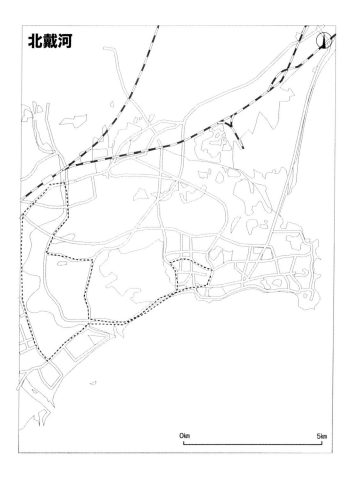

【旅するチャイナ】
001 バスに揺られて「自力で長城」
002 バスに揺られて「自力で石家荘」
003 バスに揺られて「自力で承徳」
004 船に揺られて「自力で普陀山」
005 バスに揺られて「自力で天台山」
006 バスに揺られて「自力で秦皇島」
007 バスに揺られて「自力で張家口」
008 バスに揺られて「自力で邯鄲」
009 バスに揺られて「自力で保定」
010 バスに揺られて「自力で清東陵」

CHINA
秦皇島

北京から近くて、見どころも盛りだくさん。なのに、旅行情報があまりない街、秦皇島。秦皇島という名前は、秦の始皇帝（紀元前259〜前210年）が訪れたことに由来するものの、長らく「始皇帝ゆかりの地」であるということは眉唾もの、と考えられていたと言います。

ところが20世紀後半になって、山海関そばの碣石宮遺址（河北省と遼寧省の境にあり、地址は遼寧省）と北戴河の秦行宮遺跡から、秦の始皇帝時代の遺構が確認されました。陝西省の始皇帝陵そばから出土したものと同じ直径52センチの瓦当

バスに揺られて 自力で秦皇島
Tabisuru CHINA 006

が渤海そばのこの地から出土したというのです。「伝説は真実だった」となりました。

　「秦皇島」はじめ、天下第一関の「山海関」、渤海に沈んでいく万里の長城の東端「老龍頭」、涙で万里の長城を崩した女性の説話の残る「孟姜女廟」、毛沢東や鄧小平に愛された「北戴河」など、秦皇島とそこから半径20kmほどの郊外に点在する見どころへ行く方法を、ご紹介したいと思います。

【自力旅游中国】

Tabisuru CHINA 006 自力で秦皇島

CHINA
秦皇島

目次

自力で秦皇島 …………………………………………………… xxii

秦皇島どんなとこ？ ………………………………………… xxvi

北京や各地から秦皇島へ ………………………………… xxxiii

ざっくり秦皇島を把握 ……………………………………… xlii

山海関行ってみよう ………………………………………… lix

涙で長城を崩した孟姜女 ………………………………… lxxvii

空と海が出合う老龍頭 …………………………………… lxxx

北戴河行ってみよう ……………………………………… lxxxix

さあ北京へ帰ろう ……………………………………………… c

あとがき ……………………………………………………… civ

【MEMO】

秦皇島 どんなとこ？

秦皇島・山海関・北戴河
渤海沿いのこれらの街は
海辺の美しい観光地となっています

北京をぐるりと囲む河北省

秦皇島は北京をぐるりと囲む河北省（近畿地方）の北東にあり、渤海に面した工業都市として知られます。河北省は内側に北京市と天津市があることや、さらに飛び地の廊坊市（の一部）があることから、複雑な地形となっています。アルファベットの「C」の字のように河北省が横たわり、真ん中に北京と天津、そして「C」の書きはじめ箇所に秦皇島が位置します。河北省秦皇島から20km強行けば、そこは遼寧省。この河北省と遼寧省のちょうど境（河北省側）に山海関が位置します。山海関は明代に築かれた万里の長城の東端に立つ関

秦皇島どんなとこ？ Qinhuangdao

所です。ここから西に向かって6000㎞以上に渡って万里の長城が続くのです。(正確にはさらに遼東辺牆が山海関から東北へ伸びますが) 山海関は万里の長城「はじまりの地（終わりの地)」となっているのです。

ひと粒で３度おいしい秦皇島

最初に秦皇島と、秦皇島から路線バスで行ける山海関について記しました。この山海関はおすすめ度「世界遺産級」ですが（山海関を走る万里の長城は実際に世界遺産です)、秦皇島にはもうひとつ路線バスで行ける有名観光地があります。

CHINA
秦皇島

北戴河です。現代中国史に通じていらっしゃるかたには言わずもがな、かと思います。毛沢東や鄧小平といった現代中国の政治指導者ゆかりの地なのです。北京と同緯度ながら、夏涼しく、1日の寒暖差も少ない絶好の気候から、北戴河は軽井沢のような避暑地になってきました。夏、北京の中南海(中国版「永田町」)が北戴河にまるまる移動すると言われるなど、夏の北戴河は中国政治への影響力をもっています。ということは秦皇島を旅することで、秦皇島、山海関、北戴河という3つの街を同時に味わえてしまうのです。ひと粒で3度おいしい街。それが秦皇島だと思います。

▲左　タクシーがクラクションを鳴らしながら走る秦皇島市街。　▲右　万里の長城の東の果て、老龍頭にて

もちろん日帰りでも OK

秦皇島と北戴河へは北京から中国版新幹線の高鉄が通じています。片道2時間半程度ですので、日帰りも OK な距離です。ここで実際に旅した旅程を記しておきます。北京から高鉄に乗って秦皇島へ（切符は前日夜 GET）。秦皇島を徒歩と路線バスで散策。秦皇島からタクシーで山海関に移動。山海関から孟姜女廟、老龍頭など山海関周辺をタクシーでまわる。路線バスに乗って山海関から秦皇島へ戻る。秦皇島から北戴河まで路線バス。北戴河を観光して、北戴河駅から高鉄で北京へ戻りました（北戴河では結構タクシーに乗りました）。そ

CHINA
秦皇島

のため、この旅行ガイドは、1、実際に鉄道や路線バスに乗った情報。2、現地のバス停や駅で調べた情報。3、公式ページのものをふくむ伝聞情報から構成されます。もし日帰りで秦皇島旅行を検討されるなら、タクシーを上手に使うことがポイントです。それでは秦皇島への旅、行ってみたいと思います。

【MEMO】

CHINA
秦皇島

北京や各地から秦皇島へ

秦皇島へ行くなら断然北京から
中国版新幹線の高鉄でビュン
日帰りだってできちゃいます

北京駅からゆこう

秦皇島へのアクセス拠点となるのが北京駅です。建国門近くの北京駅から、秦皇島、もしくは北戴河への高鉄(中国版新幹線)が出ています。もちろん在来線もあるのですが、高鉄だと北京〜秦皇島・北戴河が所要2時間半程度、在来線だと所要5〜6時間。昼5〜6時間移動に使うのは時間がもったいないので、断然、高鉄の利用をおすすめします。ただし、夏のシーズンには避暑地北戴河へのチケットはなかなかとりづらくなります。高鉄はいっぱいだから仕方なく、在来線に乗るか、といったことも起こりうるのです。

CHINA
秦皇島

Qinhuangdao 北京や各地から秦皇島へ

秦皇島

[アクセス情報] 北京から秦皇島へ

・高鉄で。北京駅から1時間に1本程度出ている。高鉄で所要2時間半
・高鉄2等で88元
・在来線で。所要5〜6時間
・バスで。北京東駅近くの八王墳長途客運站から1日数本

[アクセス情報] 北京から北戴河へ

・高鉄で。北京駅から北戴河への1時間に1本程度出ている。所要2時間半

Qinhuangdao 北京や各地から秦皇島へ

- 高鉄2等で82元
- 在来線だと所要5〜6時間

[アクセス情報] **天津から秦皇島へ**
- 鉄道で。天津駅から秦皇島駅へ、多くの列車あり。所要3〜4時間

[アクセス情報] **大連から秦皇島へ**
- 鉄道で。大連駅と大連北駅から、1日数本。所要3時間半〜4時間

我想坐高铁去秦皇岛

[見せる中国語]
wǒ xiǎng zuò gāo tiě
qù qín huáng dǎo
ウォシィアンズゥオ・ガオティエ
チュウ・チンフゥアンダオ
私は「中国版新幹線（高鉄）」で秦皇島に行きたい

我想去秦皇岛

[見せる中国語]
wǒ xiǎng qù
qín huáng dǎo
ウォシィアンチュウ
チンフゥアンダオ
私は秦皇島に行きたい

我想坐高铁去北戴河

[見せる中国語]
wǒ xiǎng zuò gāo tiě
qù běi dài hé
ウォシィアンズゥオ・ガオティエ
チュウ・ベイダァイハア
私は「中国版新幹線（高鉄）」で北戴河に行きたい

我想去
北戴河

[見せる中国語]
wǒ xiǎng qù
běi dài hé
ウォシィアンチュウ
ベイダァイハア
私は北戴河に行きたい

ざっくり秦皇島を把握

CHINA
秦皇島

秦皇島を中心に東15kmに山海関
ちょうど反対に秦皇島から
西15kmに北戴河が位置します

3つ子の秦皇島

3つ子のように北戴河・秦皇島・山海関とならんでいますが、もっとも都会なのが秦皇島。もっとも見どころが多いのが山海関。もっとも過ごしやすいのが北戴河。と言えばわかりやすいでしょうか？　以上の3つの街は、北戴河〜秦皇島〜山海関というように路線バスで結ばれています。乗車時間はおのおの30分〜1時間程度。バスは10〜20分間隔でやってきますので、そんなに旅行しづらい印象はありませんでした。ただし、夏の北戴河だけは要注意です。避暑地なだけに、夏は臨時便が出たり、ホテルの値段があがったり、ホテルがいっ

Qinhuangdao ざっくり秦皇島を把握

ぱいになってしまったりするのです。秦皇島は1898年以来、冬、凍結する天津港に代わる港として発展しましたので、昔は「秦皇島は冬だけにぎわう（冬、天津から商人たちがやってくる）」。また避暑地として発展した北戴河には「（戦前）夏のあいだだけジャパン・ツーリスト・ビューローの主張所があった」という記録も残っています。

秦皇島

7大エリア

秦皇島・山海関・北戴河を旅するにあたって、頭に入れておきたい7大エリアです。1，秦皇島駅、2，四道橋バスターミナル（秦皇島南駅）、3，山海関、4，孟姜女廟、5，老龍頭、6，北戴河海濱バスターミナル、7，北戴河駅の7つです。1の秦皇島駅と7の北戴河駅は北京とのアクセス拠点になる鉄道駅、2と6のバスターミナルはそれぞれ秦皇島と山海関、北戴河を結ぶ路線バスの走るアクセスポイント。そして、3と4と5は秦皇島観光のハイライトと言うべき、山海関関連の見どころになります。これらを結ぶ路線バスはいずれも朝6

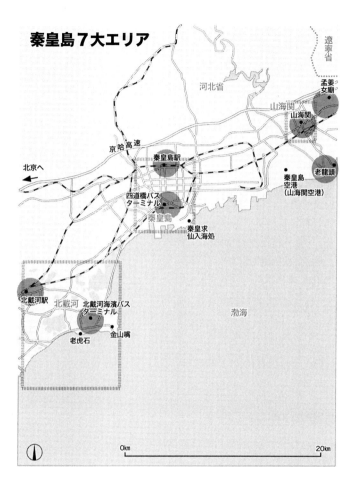

Qinhuangdao　ざっくり秦皇島を把握

時ごろから19時ごろまで運行（山海関鉄道駅と孟姜女廟を結ぶ302路は終バスが早く夕方まで）。間隔は10〜20分間隔で、それほど待たされるということはありませんでした。そして、夏のあいだだけ、避暑地の北戴河あたりは路線バスが増便されるようでした。

秦皇島市街をざっくり

続いては、秦皇島内の移動です。実は、観光名所らしき、観光名所があまり見当たらないのが秦皇島です（見どころは山海関に集中しています）。というのも、秦皇島という街は、

▲左　路線バスに乗って秦皇島を旅しよう。　▲右　中国有数の保養地、北戴河にて

1898年に港がおかれてから発展したため、いわゆる中国の伝統的な都市であるとか、仏教や道教の古刹があるわけではないのです。強いて言えば、始皇帝のモニュメントの立つ「秦皇求仙入海処」でしょうか？　ここがかつて陸から独立して島状だったという「秦皇島」があった場所です。こうした事情から秦皇島はアクセス拠点、ホテル滞在などで使うのがよいでしょう。

秦皇島

路線バスで秦皇島

秦皇島にはふたつのアクセスポイントがあります。北京からの高鉄の着く「秦皇島駅」、そして、山海関と北戴河方面へのバスが出ている秦皇島南駅近くの「四道橋バスターミナル(四道桥汽车站)」です（秦皇島駅からも北戴河へのバスは出ています）。ちょうど秦皇島市街の北と南で対に位置し、くわえて秦皇島市街は碁盤の目状ですので、わかりやすいと思います。この秦皇島駅と四道橋バスターミナル近くの市街南北を結ぶ路線バスが8路です。路線バス8路は、秦皇島駅から南に走る迎賓路を通ってから、「四道橋バスターミナル（秦

Qinhuangdao

ざっくり秦皇島を把握

皇島南駅)」方面へ向かいます。路線バス８路のバス停「華聯商厦・金都購物広場・茂業百貨」から、山海関への路線バスが出ている「四道橋バスターミナル」までは徒歩で歩ける距離です。

【MEMO】

CHINA
秦皇島

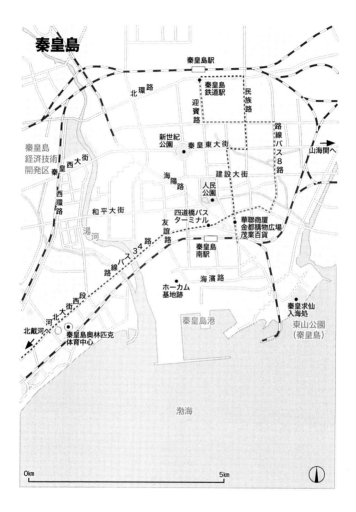

【MEMO】

秦皇島

［アクセス情報］路線バス8路

・「秦皇島鉄道駅（秦皇岛火车站）」～「四道橋バスターミナル（四道桥汽车站）」方面を結ぶ

・「秦皇島鉄道駅（秦皇岛火车站）」乗車で、「四道橋バスターミナル（四道桥汽车站）」への降車場所は「華聯商厦・金都購物広場・茂業百貨（华联商厦・金都购物广场・茂业百货）」。これらはひとつのバス停だが、周囲に大型店舗がならぶことから複数の呼びかたがある。調査時点の表記は「華聯商厦（华联商厦）」。そこから「四道橋バスターミナル（四道桥汽车站）」まで徒歩800m、10分

・調査時点ではこの路線バス8路は「求仙入海处」を通り、「海洋学院」まで行っていた。秦皇島の観光地である秦皇求仙入海処のある「求仙入海处」までは、「華聯商廈・金都購物広場・茂業百貨（华联商厦・金都购物广场・茂业百货）」から徒歩3200m、40分。

[DATA] 秦皇求仙入海处 秦皇求仙入海处 **qín huáng qiú xiān rù hǎi chù チィンフゥアンチィウシィアンルウハァイチュウ**

・35元

我想去
山海关

[見せる中国語]
wǒ xiǎng qù
shān hǎi guān
ウォシィアンチュウ
シャンハイグゥアン
私は山海関に行きたい

我想去
老龙头

[见せる中国語]
wǒ xiǎng qù
lǎo lóng tóu
ウォシィアンチュウ
ラァオロォントォウ
私は老龍頭に行きたい

我想去
孟姜女庙

[見せる中国語]
wǒ xiǎng qù
mèng jiāng nǚ miào
ウォシィアンチュウ
メェンジィアンヌウミャオ
私は孟姜女廟に行きたい

山海関行ってみよう

北京居庸関、張家口大境門、甘粛嘉峪関ともに
万里の長城の四大関口のひとつの山海関
堂々としたたたずまいです

かなり楽しめる山海関

それでは山海関に行ってみましょう。山海関は河北省でも指折りの観光地です。中国北部を6000km以上に渡って走る万里の長城の東側の起点が山海関で、東の果てでは万里の長城は渤海に溶け込んでいきます。「山（燕山山脈）」から「海（渤海）」へいたる長城の関所という様子から、「山海関」と名づけられています。この山海関には大きく3つの見どころがあり、「天下第一関」と呼ばれた「山海関（古い街並みが残っていて、半日ぐらいいても飽きないかもしれません）」、万里の長城が渤海に沈む「老龍頭」、そして、万里の長城を涙で

崩したと伝説の残る「孟姜女廟」の3つです。いずれも人気の観光地で、ここが秦皇島観光のハイライトと言えるでしょう。

山海関への行きかた

山海関へは秦皇島の「四道橋バスターミナル(四道桥汽车站)」から路線バスが出ています。路線バス25路と33路で、いずれもここが始発です。25路は秦皇島から老龍頭を通って山海関に行きます。33路は秦皇島市街を通って山海関に行くルートです。どちらのルートでも20kmほどの距離ですので、

▲左　明清時代の面影を残す山海関旧城。　▲右　路線バスのバス停「天下第一関」はこの万里の長城近くにある

移動時間は1時間ほど見ておけばよいでしょう。25路の場合、山海関鉄道駅手前の「天下第一関（天下第一关）」、33路の場合も、終点手前の「天下第一関」（万里の長城をトンネル状にくぐってすぐ）が降車地点となります。中国語が苦手という場合は、「四道橋バスターミナル」の始発から25路に乗って終点の「山海関鉄道駅（山海关火车站）」まで行ってしまいましょう。そこからバス停「天下第一関」まで徒歩700m、9分の距離です。

【MEMO】

CHINA
秦皇島

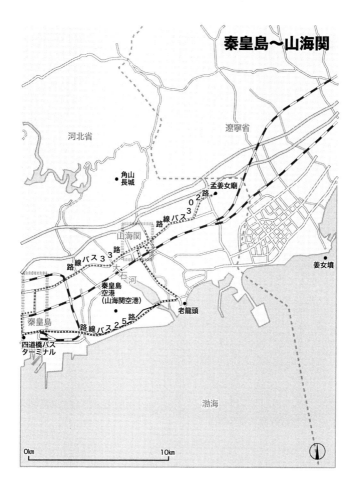

【MEMO】

CHINA
秦皇島

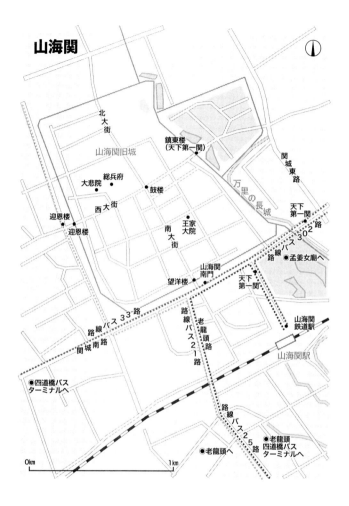

秦皇島

[アクセス情報] 秦皇島〜山海関間のアクセス

・秦皇島南駅近くの「四道橋バスターミナル(四道桥汽车站)」〜山海関南側の「天下第一関(天下第一关)」、33路(2元)
・秦皇島南駅近くの「四道橋バスターミナル(四道桥汽车站)」〜「老龍頭(老龙头)」〜「天下第一関(天下第一关)」、25路(2元)

山海関の見どころ

まず山海関では山海関こと天下第一関をご覧になってください。これはちょうど万里の長城を東の城壁とした山海関旧城

▲左　山海関に赴任してきた官吏。　▲右　竹が茂る王家大院の庭園

Qinhuangdao　山海関行ってみよう

の東門（鎮東楼）にあたります。難攻不落の要塞として恐れられた山海関の威容を今に伝えています。山海関は要塞であり、中国の伝統的な街でもありますので、四合院建築がいくつも残り、とても情緒あるたたずまいを見せています。街の中央に立つ鼓楼、そこから十字型に伸びる大街。仏教寺院の大悲院、軍駐屯所の総兵府、そして明清時代の民居の王家大院などがあります。鼓楼界隈には小吃の実演販売も見られましたので、ぜひとも山海関旧城を歩いてみましょう。

秦皇島

山海関旧城ベスト 5

・第 1 位、山海関（天下第一関）

・第 2 位、鼓楼とその界隈のにぎわい

・第 3 位、大悲院

・第 4 位、総兵府

・第 5 位、王家大院

・その他、西門の迎恩楼と南門の望洋楼

Qinhuangdao 山海関行ってみよう

**［DATA］山海関（天下第一関）山海关
shān hǎi guān シャンハイグゥアン**

・50元（調査時点では100元だった）

・朝8時～夕方18時

［DATA］鼓楼 鼓楼 gǔ lóu グウロォウ

・古城游览车车票10元。望洋楼、王家大院、鼓楼、大悲院、迎恩楼の共通券

秦皇島

［DATA］**大悲院** 大悲院 dà bēi yuàn **ダアベェイユゥエン**

・古城游覧車車票 10 元。望洋楼、王家大院、鼓楼、大悲院、迎恩楼の共通券

［DATA］**総兵府** 总兵府 zǒng bīng fǔ **ゾォンビィンフウ**

・80 元

・朝 9 時〜夕方 17 時

［DATA］**王家大院** 王家大院
wáng jiā dà yuàn ワァンジィアダアユゥエン

・25元（調査時点では古城游覧車車票10元。望洋楼、王家大院、鼓楼、大悲院、迎恩楼の共通券だった）

我想去
天下第一关

[見せる中国語]
wǒ xiǎng qù
tiān xià dì yī guān
ウォシィアンチュウ
ティエンシャアディイイグゥアン
私は天下第一関に行きたい

我想去鼓楼

[見せる中国語]
wǒ xiǎng qù
gǔ lóu
ウォシィアンチュウ
グウロォウ
私は鼓楼に行きたい

我想去大悲院

[見せる中国語]
wǒ xiǎng qù
dà bēi yuàn
ウォシィアンチュウ
ダアベェイユゥエン
私は大悲院に行きたい

我想去
总兵府

[見せる中国語]
wǒ xiǎng qù
zǒng bīng fǔ
ウォシィアンチュウ
ゾォンビィンフウ
私は総兵府に行きたい

我想去
王家大院

[見せる中国語]
wǒ xiǎng qù
wáng jiā dà yuàn
ウォシィアンチュウ
ワァンジィアダアユゥエン
私は王家大院に行きたい

涙で長城を崩した孟姜女

山海関から路線バス302路で
行けちゃう孟姜女廟
山上の廟へ108段の階段が続いています

中国人に大人気の孟姜女

中国では知らぬ人はいない孟姜女のお話にまつわる孟姜女廟。孟姜女とは孟さんと姜さんに育てられた孟姜女は、夫の万喜良と結婚します。けれども、秦の始皇帝の命で万喜良は万里の長城の工事に従事させられることになります。その夫を求めてはるか遠くの山海関まで来たけど、すでに夫は生命を落とし、万里の長城の下に埋められてしまっていた。孟姜女が涙を流すと、なんと万里の長城は崩れ、夫の遺骨を抱いて、孟姜女は渤海に身を投げた、というストーリーです。この孟姜女廟は山海関の東6kmに位置します。乗る路線バスは

CHINA
秦皇島

302路。「天下第一関（天下第一关）」もしくは「山海関鉄道駅（山海关火车站）」から乗車して終点が「孟姜女廟（孟姜女庙)」となっています。帰りも、同様、302路で始発の「孟姜女廟」から「天下第一関（もしくは山海関鉄道駅)」です。「天下第一関」は万里の長城の城壁そばがバス停で、バスは万里の長城を繰り抜いたアーチ（トンネル）を走っていきます。そのため、前方に万里の長城が見えたら、天下第一関に着いたと思ってください。

▲左　108段の階段が孟姜女廟に続く。　▲右　夫の身のうえを案じる孟姜女

涙で長城を崩した孟姜女

[アクセス情報] 山海関〜孟姜女廟

・路線バス302路、2元

・「天下第一関（天下第一关）」もしくは「山海関鉄道駅（山海关火车站）」から乗車して終点が「孟姜女廟（孟姜女庙）」

[DATA] **孟姜女廟** 孟姜女庙
mèng jiāng nǚ miào メェンジィアンヌウミャオ

・30元（調査時点では25元）

空と海が出合う老龍頭

CHINA 秦皇島

1匹の龍にたとえられる万里の長城
老龍頭はその龍の頭部分にあたります
海を飲むようにも見えます

最高の景色だ老龍頭

次、老龍頭行ってみましょう。「天下第一関（もしくは山海関鉄道駅）」から老龍頭まで25路が出ています。老龍頭は山海関の南5kmに位置します。敵が海から侵入できないように、海に伸ばしてある万里の長城を見ることができます。これを「入海石城」と言います。老龍頭は最高に楽しめます。万里の長城が海に溶け込んでいくところもそうですが、渤海の眺め、砂浜、そこに立つ楼閣と言うことなしです。内陸に広がる巨大な中国では海は特別な存在で、しかも、上海や大連といった近代以後に発展した港湾都市と違って、老龍頭で見る

空と海が出合う老龍頭

景色は大変貴重だと言えます。思わず、「おおおお」と叫びたくなる光景でした。

クルーズもできます

さて老龍頭では1時間いくら、という感じで、ボートに乗れます。ボートで長城を越えることができるのです。また砂浜でだらだらするのもよし、万里の長城という龍が渤海を飲む⁉　様子を眺めるのもよいと思います。山海関は中国人にも大人気の観光地ですので、中国人旅行者の集団も多く見かけました。

秦皇島

［アクセス情報］山海関～老龍頭

・路線バス25路

・「天下第一関（天下第一关）」もしくは「山海関鉄道駅（山海关火车站）」から「老龍頭（老龙头）」

・山海関方面からの場合、バスが秦皇島方面に90度にカーブする前に下車。カーブしたあとひと駅なら徒歩で戻れる

・もしくは山海関旧城西門の「迎恩楼（迎恩楼）」から「老龍頭（老龙头）」まで21路。同様に老龍頭から21路が山海関旧城西門の「迎恩楼」を結ぶ

▲左　渤海に突き出した万里の長城。　▲右　鉄壁の防御態勢がしかれていた

[DATA] **老龍頭** 老龙头 lǎo lóng tóu ラァオロォントォウ

・60元
・朝8時〜夕方18時

山海関でタクシーに逃げられた

最後に山海関で受けたトラブルについて記しておきたいと思います。実は、山海関とその周囲に点在する観光地へはタクシーをチャーターしてまわるつもりでした。あらかじめまわる箇所を指定し、150元でタクシードライバーと交渉成立。そして、ある観光地に差し掛かったところです。「待て」と

CHINA
秦皇島

ドライバーは言います。「現時点で払えるお金を払ってほしい」と言うのです。まだ約束した旅程の3分の1程度だったので、50元をここで支払うことにしました。ところが、財布を見ると100元札しかありません。「お釣りはない」とのことです。時間がなかったこともあり、「まっ、いいか」と思って100元を支払いました。そして、観光を終えてドライバーのもとへ帰ってみると・・・。想像がつくことでしょう。ドライバーは100元もって、さっさと逃げ去っていたのでした。近くの中国人に協力してもらって、もらった名刺に電話をかけましたが、「俺は待っていたけど、お前は来なかった

Qinhuangdao 空と海が出合う老龍頭

から、帰ったんだ」と開き直ります。中国旅行でトラブルになった共通点として、なにか、ちょっとトラブルの気配がすると、必ずトラブルが起こるという経験があります。今回の場合は、「現時点で払えるお金を払ってほしい」と言われた時点で、これは怪しい。信頼関係ができていないか、ものすごく遠くの観光地まで来て、遠くの宿泊先ホテルまで帰らなければならないから、タクシーをおいて逃げたりはしないという環境ではなかった。ということです。もちろん、一番バカなのは100元払ってしまった自分ですが、少しの油断（スキ）を逃さないのが中国人とも言えるかもしれません。

我想去
海滨汽车站

[見せる中国語]
wǒ xiǎng qù
běi dài hé hǎi bīn qì chē zhàn
ウォシィアンチュウベイダァイハア
ハァイビンチイチャアヂャァン
私は北戴河海濱バスターミナル
に行きたい

我想去
北戴河
火车站

[見せる中国語]
wǒ xiǎng qù
běi dài hé huǒ chē zhàn
ウォシィアンチュウ
ベイダァイハアフゥオチャアヂャァン
私は北戴河鉄道駅
に行きたい

我想去
老虎石公园

[見せる中国語]
wǒ xiǎng qù
lǎo hǔ shí gōng yuán
ウォシィアンチュウ
ラァオフウシイゴォンユゥエン
私は老虎石公園
に行きたい

北戴河 行って みよう

北京と同じ緯度なのに
ずいぶんと夏過ごしやすい北戴河
海辺では穏やかな波が寄せては返します

中国最高の保養地へ

北戴河は毛沢東や鄧小平に愛された保養地です。避暑をかねて夏のあいだ、中国政治の指導者がここで過ごして「北戴河会議」が開かれることで知られます。たしかに北戴河に来てみると、夏なのに心地いい。すごく気持ちよい風が吹いているのです。

北戴河へゆこう

まず秦皇島から北戴河へ行く場合です。始発の「秦皇島鉄道駅(秦皇島火车站)」と終点の「北戴河海濱バスターミナル

CHINA
秦皇島

(北戴河海浜汽车站)」を結ぶ路線バス34路に乗ります。乗車は1時間程度でしょうか。34路では進行方向に向かって左側の座席に坐るのをおすすめします。車窓から渤海が見え、途中、断崖とそこに立つ鷹角亭が視界に入ります。「おおっ」という感じですが、この鷹角亭が見えると北戴河はもうすぐそこです。また、山海関から北戴河に行く場合、とりあえず33路か、25路に乗って、終点の秦皇島南駅近くの「四道橋バスターミナル(四道桥汽车站)」へ行きましょう。そこで同じく路線バス34路に乗り換えます。「秦皇島鉄道駅(秦皇島火车站)」からやってくる34路が「四道橋バスターミナル」

Qinhuangdao　北戴河行ってみよう

を通る感じになっています。

[アクセス情報] 秦皇島〜北戴河

・路線バス34路、2元
・秦皇島から。「秦皇島鉄道駅(秦皇島火车站)」から34路で「北戴河海濱バスターミナル（北戴河海濱汽车站）」
・山海関から。山海関から25路か33路でひとまず秦皇島南駅近くの「四道橋バスターミナル（四道桥汽车站)」。そこから34路で「北戴河海濱バスターミナル（北戴河海濱汽车站)」

CHINA
秦皇島

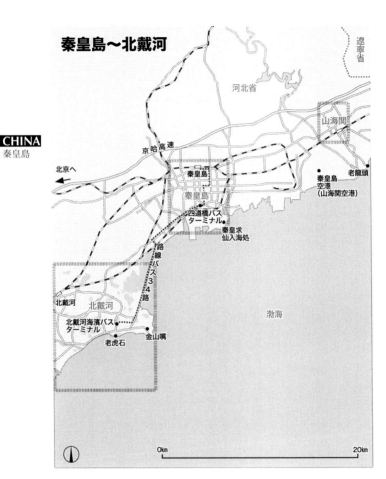

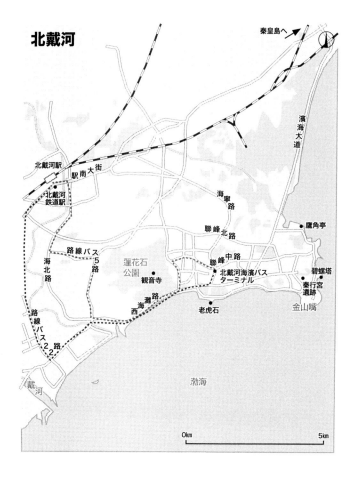

CHINA
秦皇島

北戴河で何を見る？？

北戴河で気をつけることは、「北戴河鉄道駅（北戴河火車站）」と「北戴河海濱バスターミナル（北戴河海滨汽车站）」が離れているところです。いわゆる保養地の北戴河は「北戴河海濱バスターミナル」側にあり、そこから歩ける距離で砂浜が広がっています。そして、実は北戴河は街歩きにあまり適さない街です。というのは地図の縮尺などを見ていただければわかりますが、とてつもなく街が大きいのです。大型別荘がどん、どん、どん、とある印象でしょうか？　そのためタクシー利用もお考えください。見どころは、老虎石のある砂浜

▲左　穏やかな気候をした北戴河。　▲右　老虎石公園への入口、ロシア語も見える

がおすすめ第1位で、あとの始皇帝の秦行宮遺跡などは調査時点では整備されておりませんでしたので、どちらかというと観光するというより、滞在するというほうが向いている場所だと思いました。あと北戴河ではメルヘンチックなヨーロッパ風建築、ロシアのキリル文字が見られるところが他の中国の街と一線を画する特徴でした。

秦皇島

[DATA] 老虎石公園 老虎石公园
lǎo hǔ shí gōng yuán ラァオフウシイゴォンユゥエン

・8元
・朝8時〜夕方17時

北戴河駅〜北戴河金山嘴の移動

歩ける距離（7〜8km）ではない「北戴河鉄道駅（北戴河火車站）」と「北戴河海濱バスターミナル（北戴河海滨汽车站）」の移動についてです。北戴河駅は北京からの高鉄がやってくるアクセスポイントです。一方で「北戴河海濱バスターミナ

ル」は保養地の北戴河金山嘴へのアクセスポイントになります。そして、路線バス5路と22路が両者を結んでいます。走る道が違うだけでどちらに乗っても同じです。

［アクセス情報］北戴河駅〜北戴河海濱バスターミナル
・路線バス5路か22路

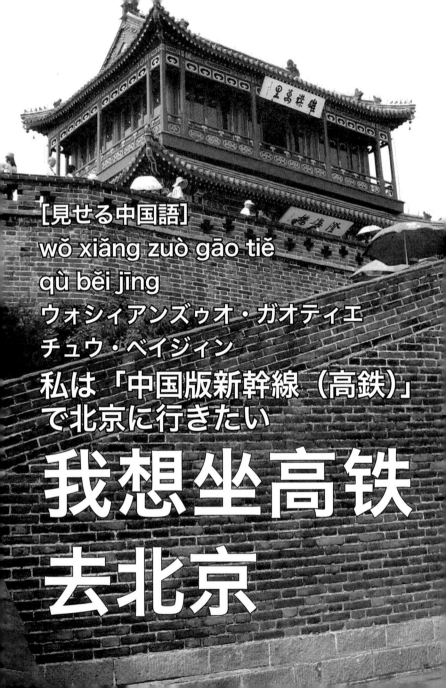

さあ北京へ帰ろう

CHINA 秦皇島

夏、北戴河〜北京便は大変混み合います
そのため事前に切符を買っておく
などの対策をしておくといいかもしれません

北京へ

北戴河からも北京までの高鉄（中国版新幹線）が出ております。大体、1時間に1本程度でした。夏に旅したこともあり、北戴河駅でこのチケットを買うのに、信じられないほどならばされました。1時間半ほどです。「高鉄に乗れないなら、在来線で帰る」という外国人旅行者も見かけたものです。結局、指定席には坐れなかったけれど、車両連結部でビールを飲みながらたたずんでいたら、中国人が日本語で話しかけてきました。仕事について、中国の住宅事情について、歴史問題について。さまざまなことを初対面の中国人と話している

Qinhuangdao

さあ北京へ帰ろう

と、北京までの2時間半はあっという間でした。北京駅についたときはもう深夜12時近く。崇文門近くで湖南料理を食べてから、ホテルに戻り、ぐっすりと寝ついたのでした。

[アクセス情報] 北戴河・秦皇島〜北京
・高鉄（中国版新幹線）で2時間半程度
・北戴河からは高鉄2等で82元。秦皇島からは高鉄2等で88元
・北戴河からも、秦皇島からも、1時間に1本程度間隔で出発
・夏はとにかく混む

CHINA
秦皇島

たすき掛けのお姉さん

山海関、北戴河とも、中国を代表する観光地(保養地)ですので、多くの旅行者が押し寄せてきます。そのため、秦皇島駅や北戴河駅の駅前には、赤いたすき掛けをした女性が対応してくれる観光案内所がありました。ここで、山海関で上述のタクシードライバーに逃げられた話をすると、とても親身になって相談に乗ってもらったものです(もちろんお金は返ってきませんでしたが)。こうした観光客を迎える態勢が整っているのは、中国ではあまりないことでは? と個人的に思いました。北京から近くて、たっぷり満足できる秦皇島

Qinhuangdao — さあ北京へ帰ろう

と山海関、北戴河。ぜひとも、ご堪能ください。

CHINA
秦皇島

あとがき

　私は2004年ごろから旅行ガイド制作にたずさわってまいりました。旅行ガイドはおもに観光情報×ホテル・レストラン情報×アクセス情報×基本データ×口コミ情報などから構成されています。このなかで、中国、インド、アジアの旅行ガイド制作にあたって、私が最初に取り組んだのが観光情報でした。日々、新しいものができる街をあつかう旅行ガイドでは、ホテル・レストランはすぐに価格変動が起きたり、それまでなかった新しいホテル・レストランが次々にできてし

Qinhuangdao　あとがき

まうからです。一方で、故宮の観光情報などはよほどのことが起こらない限り、20年後もほとんど同じ情報であろう、と推測します。

　紙の旅行ガイドと違って、ネットや電子書籍、アプリの旅行ガイドでは台割（ページ構成を決める設計図）の制約がないという特徴があります。個人的な思い出があるのは、六本木ヒルズ、東京ミッドタウン、国立新美術館が一挙にでき、アートトライアングルなどと言われた2000年代後半のときです。この場合、それまでの六本木のページと同じ容量では、新しくできた六本木の見どころを案内するのは不可能となり

秦皇島

ます。何かを削るか、新しくページをつくらなくてはなりません。そして新しく2P分追加すると、別のなにかを2P削らなくてはならないという事態が起こってしまうのです。そんなところから、変化する街の情報に迅速に対応できるという観点では、ネットや電子書籍、アプリの旅行ガイドはとても優れていると思います。

　最後になりますが、『Tabisuru CHINA 006 自力で「秦皇島」』は、実際に歩いて調査した旅行情報をもとにしたアクセス情報の旅行ガイドとなっています。この旅行ガイドを使って、「渤海に沈んでいく万里の長城を見に行った」とい

Qinhuangdao｜あとがき

うかたがいらっしゃれば、望外の喜びです。よろしければ、『Tabisuru CHINA 006 自力で「秦皇島」』とアプリ上で連動してお使いいただける、秦皇島・山海関・北戴河の観光情報旅行ガイドのまちごとチャイナ『河北省 003 秦皇島』、無料のホテル・レストラン情報『秦皇島STAY』もあわせてご覧いただき、旅人のみなさまのご意見、ご批判などをお待ちしています。

2015年6月20日　たきざわ旅人

参考資料

秦皇岛市政府门户网站(中国語)http://www.qhd.gov.cn/
秦皇岛市交通运输局(中国語)http://www.qhdjtj.gov.cn/
オープンストリートマップ http://www.openstreetmap.org/
[PDF] 秦皇島 STAY(ホテル&レストラン情報)http://machigotopub.com/pdf/qinhuangdaostay.pdf

まちごとパブリッシングの旅行ガイド

Machigoto INDIA , Machigoto ASIA , Machigoto CHINA

【北インド - まちごとインド】

001 はじめての北インド
002 はじめてのデリー
003 オールド・デリー
004 ニュー・デリー
005 南デリー
012 アーグラ
013 ファテープル・シークリー
014 バラナシ
015 サールナート
022 カージュラホ
032 アムリトサル

【西インド - まちごとインド】

001 はじめてのラジャスタン
002 ジャイプル
003 ジョードプル
004 ジャイサルメール
005 ウダイプル
006 アジメール(プシュカル)
007 ビカネール
008 シェカワティ
011 はじめてのマハラシュトラ
012 ムンバイ
013 プネー
014 アウランガバード
015 エローラ
016 アジャンタ
021 はじめてのグジャラート
022 アーメダバード
023 ヴァドダラー(チャンパネール)
024 ブジ(カッチ地方)

【東インド - まちごとインド】

002 コルカタ
012 ブッダガヤ

【南インド - まちごとインド】

001 はじめてのタミルナードゥ
002 チェンナイ
003 カーンチプラム
004 マハーバリプラム
005 タンジャヴール
006 クンバコナムとカーヴェリー・デルタ
007 ティルチラパッリ
008 マドゥライ
009 ラーメシュワラム
010 カニャークマリ
021 はじめてのケララ
022 ティルヴァナンタプラム
023 バックウォーター(コッラム〜アラップーザ)
024 コーチ(コーチン)
025 トリシュール

【ネパール - まちごとアジア】

001 はじめてのカトマンズ
002 カトマンズ
003 スワヤンブナート

004 パタン
005 バクタプル
006 ポカラ
007 ルンビニ
008 チトワン国立公園

【バングラデシュ - まちごとアジア】

001 はじめてのバングラデシュ
002 ダッカ
003 バゲルハット（クルナ）
004 シュンドルボン
005 プティア
006 モハスタン（ボグラ）
007 パハルプール

【パキスタン - まちごとアジア】

002 フンザ
003 ギルギット（KKH）
004 ラホール
005 ハラッパ
006 ムルタン

【イラン - まちごとアジア】

001 はじめてのイラン
002 テヘラン
003 イスファハン
004 シーラーズ
005 ペルセポリス
006 パサルガダエ（ナグシェ・ロスタム）
007 ヤズド
008 チョガ・ザンビル（アフヴァーズ）
009 タブリーズ
010 アルダビール

【北京 - まちごとチャイナ】

001 はじめての北京
002 故宮（天安門広場）
003 胡同と旧皇城
004 天壇と旧崇文区
005 瑠璃廠と旧宣武区
006 王府井と市街東部
007 北京動物園と市街西部
008 頤和園と西山
009 盧溝橋と周口店
010 万里の長城と明十三陵

【天津 - まちごとチャイナ】

001 はじめての天津
002 天津市街
003 浜海新区と市街南部
004 薊県と清東陵

【上海 - まちごとチャイナ】

001 はじめての上海
002 浦東新区
003 外灘と南京東路
004 淮海路と市街西部
005 虹口と市街北部
006 上海郊外（龍華・七宝・松江・嘉定）
007 水郷地帯（朱家角・周荘・同里・甪直）

【河北省 - まちごとチャイナ】

001 はじめての河北省
002 石家荘
003 秦皇島
004 承徳
005 張家口
006 保定
007 邯鄲

【江蘇省 - まちごとチャイナ】

001 はじめての江蘇省
002 はじめての蘇州
003 蘇州旧城
004 蘇州郊外と開発区
005 無錫
006 揚州
007 鎮江
008 はじめての南京
009 南京旧城
010 南京紫金山と下関
011 雨花台と南京郊外・開発区
012 徐州

【浙江省 - まちごとチャイナ】

001 はじめての浙江省
002 はじめての杭州
003 西湖と山林杭州
004 杭州旧城と開発区
005 紹興
006 はじめての寧波
007 寧波旧城
008 寧波郊外と開発区
009 普陀山
010 天台山
011 温州

【福建省 - まちごとチャイナ】

001 はじめての福建省
002 はじめての福州
003 福州旧城
004 福州郊外と開発区
005 武夷山
006 泉州
007 厦門
008 客家土楼

【広東省 - まちごとチャイナ】

001 はじめての広東省
002 はじめての広州
003 広州古城
004 天河と広州郊外
005 深圳(深セン)
006 東莞
007 開平(江門)
008 韶関
009 はじめての潮汕
010 潮州
011 汕頭

【遼寧省 - まちごとチャイナ】

001 はじめての遼寧省
002 はじめての大連
003 大連市街
004 旅順
005 金州新区

006 はじめての瀋陽
007 瀋陽故宮と旧市街
008 瀋陽駅と市街地
009 北陵と瀋陽郊外
010 撫順

【重慶 - まちごとチャイナ】

001 はじめての重慶
002 重慶市街
003 三峡下り（重慶〜宜昌）
004 大足

【香港 - まちごとチャイナ】

001 はじめての香港
002 中環と香港島北岸
003 上環と香港島南岸
004 尖沙咀と九龍市街
005 九龍城と九龍郊外
006 新界
007 ランタオ島と島嶼部

【マカオ - まちごとチャイナ】

001 はじめてのマカオ
002 セナド広場とマカオ中心部
003 媽閣廟とマカオ半島南部
004 東望洋山とマカオ半島北部
005 新口岸とタイパ・コロアン

【Juo-Mujin（電子書籍のみ）】

Juo-Mujin 香港縦横無尽
Juo-Mujin 北京縦横無尽
Juo-Mujin 上海縦横無尽

【自力旅游中国 Tabisuru CHINA】

001 バスに揺られて「自力で長城」
002 バスに揺られて「自力で石家荘」
003 バスに揺られて「自力で承徳」
004 船に揺られて「自力で普陀山」
005 バスに揺られて「自力で天台山」
006 バスに揺られて「自力で秦皇島」
007 バスに揺られて「自力で張家口」
008 バスに揺られて「自力で邯鄲」
009 バスに揺られて「自力で保定」
010 バスに揺られて「自力で清東陵」
011 バスに揺られて「自力で潮州」
012 バスに揺られて「自力で汕頭」
013 バスに揺られて「自力で温州」

【車輪はつばさ】
南インドのアイラヴァテシュワラ寺院には建築本体に車輪がついていて寺院に乗った神さまが人びとの想いを運ぶと言います。

- 本書はオンデマンド印刷で作成されています。
- 本書の内容に関するご意見、お問い合わせは、発行元のまちごとパブリッシング info@machigotopub.com までお願いします。

Tabisuru CHINA 006
バスに揺られて「自力で秦皇島」
～自力旅游中国［モノクロノートブック版］

2017年11月14日　発行

著　者	「アジア城市（まち）案内」制作委員会
発行者	赤松　耕次
発行所	まちごとパブリッシング株式会社 〒181-0013　東京都三鷹市下連雀4-4-36 URL http://www.machigotopub.com/
発売元	株式会社デジタルパブリッシングサービス 〒162-0812　東京都新宿区西五軒町11-13 清水ビル3F
印刷・製本	株式会社デジタルパブリッシングサービス URL http://www.d-pub.co.jp/

MP176

ISBN978-4-86143-310-8 C0326　　　Printed in Japan
本書の無断複製複写（コピー）は、著作権法上での例外を除き、禁じられています。